/ notas sobre ela

NOTAS SOBRE ELA

Zack Magiezi
....

2ª.edição
Bertrand Brasil
Rio de Janeiro : 2019

Copyright © 2017 by Zack Magiezi
Todos os direitos reservados.

Ilustrações: Camila Cruz
Capa e projeto gráfico: Angelo Allevato Bottino
Contracapa: autorretrato de Zack Magiezi

Texto revisado pelo novo
Acordo Ortográfico da Língua Portuguesa.

2019
Impresso no Brasil
Printed in Brazil

CIP-BRASIL. CATALOGAÇÃO NA PUBLICAÇÃO
SINDICATO NACIONAL DOS EDITORES DE LIVROS, RJ
....

M174n
2. ed.

  Magiezi, Zack
    Notas sobre ela / Zack Magiezi. – 2. ed. –
Rio de Janeiro: Bertrand Brasil, 2019.

  ISBN 978-85-286-2174-7

  1. Poesia brasileira. I. Título.

17-40454   CDD: 869.1
                            CDU: 821.134.3(81)-3
....

Todos os direitos reservados pela:
EDITORA BERTRAND BRASIL LTDA.
Rua Argentina 171 – 3º andar – São Cristóvão
20921-380 – Rio de Janeiro, RJ
Tel.: (0xx21) 2585-2000 – Fax: (0xx21) 2585-2084

Não é permitida a reprodução total ou parcial
desta obra, por quaisquer meios, sem a
prévia autorização por escrito da Editora.

Atendimento e venda direta ao leitor:
sac@record.com.br

*Para ela
Uma mulher que conheço bem
Mesmo sem saber como é o seu rosto*

Reconstruir uma saudade
Uma lembrança
Uma voz
E por fim lembrar-se do esquecimento
E viver tudo de novo
Enganar o tempo

PARTE I

A infância
....

/ ou tardes de quintal

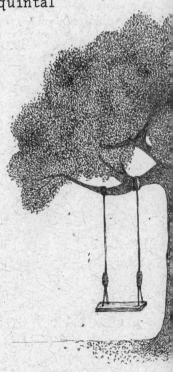

*A criança que ficou distante no tempo
                ainda está tão perto dela*

Um pequeno refúgio
Que ainda está guardado dentro do tempo
Quando ela fecha os olhos
Tudo ainda é tão igual
O quintal ainda é imenso
O cheiro da terra molhada
Galinhas correndo pela sobrevivência
As mãos fortes do vô
As veias imensas apareciam quando ele
embelezava o jardim
Como um homem pode ser tão bruto e tão doce?
As mãos hábeis da vó
Sempre ocupadas
As mãos da vó parecem os empresários
Que correm sem parar
Sempre preparando algo importante
Sempre tricotando amor
Ela abre os olhos
E a sala vazia da sua casa
Recebe uma visita da memória
O perfume de um bolo de cenoura
Preparado há muitas décadas passadas
E ela se sente protegida
E o medo fica para a vida adulta

Dispensou as bonecas
Ela sempre quis os livros
Os seus olhinhos brilhavam
Quando visualizavam o título em vermelho
"As viagens de Gulliver"
A imaginação é visita atrevida
Entrou nos olhos dela
E nunca mais foi embora

Quintal
O primeiro lugar
Onde ela foi natureza
Vida que dá no pé
Planta do pé
Olhos fechados
O sol nas pálpebras
Queria ser planta
Queria ser roseira
E conseguiu delicadeza
E também os espinhos
Ela sorri
Um sorriso de pétalas
Perfumado com um passado bom
E hoje depois de tantas décadas
Nas manhãs ensolaradas
Ela ainda fecha os olhos
Para sentir o sol nas pálpebras
E voltar para o quintal

O seu primeiro encontro com o mar foi assim
Um dia quente
Uns olhos curiosos
(coisa que não se perdeu com o passar dos anos)
Areia branca e fofa
A cabeça baixa
Quando ela levantou os olhos
Lá estava a imensidão azul
Seus pais disseram que ela ficou pulando
         e logo em seguida correu para a água
Sem nenhum medo
Sem nenhum receio
Queria abraçar aquela água toda
Como se o infinito coubesse no espaço
            dos seus braços esticados
Para ela o mar é gente
Um amigo que adora brincar na praia
Brincaram juntos sempre
Cresceram juntos

O quarto sempre foi o seu mundo
Subir na cama era como escalar uma montanha
Montanha feita com um tecido fofo e cheiroso
O teto tinha umas estrelas brilhantes
Que só brilhavam quando ela estava sozinha
Quando o pai beijava a sua testa e desligava o dia
Algumas bonecas moravam ali também
Além de uns carrinhos do seu irmão
Uns batons de sua mãe
E a chave de fenda de seu pai
Tudo escondido embaixo do colchão
Dessa forma ela ainda carrega a família
    com ela para o mundo dos sonhos

*O silêncio
Esse amigo tímido
Vive em seu quarto
Querendo brincar
Querendo contar segredos
Sobre o futuro
O silêncio
Criança que não tem voz
Que se esconde atrás da porta
Quando um adulto chega
Ela não lembra quando ele surgiu
Parece que ele sempre esteve ali
Perto
Até hoje*

*Uma mochila vermelha
Lápis de cor
Cadernos com pauta
Caderno de caligrafia
Lápis de escrever
(sempre detestou lapiseiras)
Lancheira, misto-frio, maçã e suco de laranja
Uniforme
Primeiro dia de aula
Apesar de a memória falhar
Ela nunca esqueceu aquele som
O sinal de entrada
O pai foi proibido por alguma lei e não podia
     avançar para dentro do portão
A primeira separação
O choro
O choro que não olha para trás
O choro que olha para o novo
Hoje o novo provoca riso
Nunca deixou de entrar em um mundo novo*

Gritos assustam as paredes
Chovem palavras afiadas
Coisas sendo quebradas
Um silêncio pesado entra na casa
Ela se esconde dentro do travesseiro
Essa porta de sonhar
Por que a mesma boca que diz "eu te amo"
                    é usada para ferir o amor?
Desejou não ferir ninguém
Desejou não crescer
As paredes deixam um choro pequeno passar
Ela não sabe de quem é
Quem é o dono ou dona desse choro
Um choro órfão
O amor dos seus pais está com os joelhos ralados

(18)

O vô disse que a Imaginação é brincar com Deus

Um dia no quintal ela jura viu Deus

Morrendo de rir

As cores tendem a ir embora
As paredes da sua casa de dentro
perderam o ânimo
e a esperança da cor
Ela fecha os olhos e vê uma criança
Uma criança com o seu rosto
Rabiscando todas as paredes
Dando esperança para aquelas amigas
       de concreto que guardam a intimidade
Paredes que formam um lar
Toda parede fica mais bonita
quando colorida de histórias

Entre no carro
(uma voz adulta disse)
O movimento
Os olhos atentos
A janela do mundo
As gotas de chuva que fazem festa no vidro
O verde
O azul
O cheiro do novo
O gosto da memória
A demora
Tá chegando
Pessoas diferentes
Música em um retângulo
O cochilo
O carro para, ele sorri leve
As malas saem
Os olhos se acostumam com o novo
Um novo lugar
Ela ainda tem esse desejo

PARTE II

Juventude
....

/ ou os dias em que o mundo
            se revelou imenso

Sempre foi tímida
Uma garota tímida que ama as palavras
Uma garota paradoxo
Mas ela ainda se enxerga menina
Apesar de os anos já terem avançado um pouco
ela ainda está lá
Ela ainda não tem muita certeza
se as pessoas ouviriam
Se os ouvidos seriam carinhosos
para com a sua voz
Ela ainda conta tudo para o silêncio
Esse amigo antigo e carinhoso
Que abraça a sua voz
E dança
Ela ainda prefere observar
Ver o que ninguém viu
O rosto do silêncio
Ver a voz de Deus correndo por aí

*Amou
Sem saber direito o que era isso
Amou
Mais uma vez em silêncio amou
Estava diferente
Mais risonha
Meio boba
Inteira boba
De repente o ato de combinar as roupas
              ganhou importância grandiosa
Parou de usar o mesmo moletom favorito e surrado
Sorria mais, sorria por tudo, sorria para
    o jornal da manhã e para a garota do tempo
Acordava antes do sol
Com apenas um desejo que falava mais alto
                        que o despertador
Ir para o colégio
Para aprender mais sobre o amor
O amor que senta na fileira do canto
E está sempre distraído atrás de
        grandes óculos que não olham para ela*

Pai
Eu fiquei para recuperação
Sim eu fiquei
Recuperar é dizer que ainda dá tempo
Recuperar é colocar tudo no caminho de novo
O senhor tem ferramentas para isso
Eu também tenho
Não fique bravo
Sou igual ao senhor
Tudo que se quebra merece uma nova chance
Ou pelo menos alguém que acredite que
é possível consertar tudo
Vou consertar este ano de estudos
E deixar um sorriso recuperado em seu rosto

A primeira festa
Alguém que ela já não lembra o nome
                              completou 15 anos
As pessoas ficam felizes quando fazem aniversário
15 anos é o lugar onde se começa a ser mulher
Alguém que ela também não lembra o nome
                              disse isso
As pessoas dançam, as luzes piscam
E a pequena princesa celebra
Este é o seu dia de realeza
Não quer comandar
Não tem súditos, nem palácio
Mas se sente bonita
Nunca escutou tantas vezes seguidas
                              o som da palavra LINDA
Mesmo estando dentro daquele
                              vestido desconfortável
Ela se lembra das vozes dizendo Linda
A festa também era dela
Aquela garota sem nome era ela
E depois de tanto tempo se achou linda

As primeiras amigas
Algumas ficaram em sua vida por um longo tempo
Como as amizades reais costumam ficar
Mas no começo eram garotas que amavam
         estar juntas
Que dividiam filmes, travesseiros
       e uma fome grandiosa pela vida
Mas que naquele momento se contentavam
       com pipocas e guloseimas
Desafiavam os limites
Quando iam dormir às 23h
Quando a ordem era estar na cama às 21h
Desafiaram o tempo
Hoje depois de tantas décadas
Ainda são aquelas meninas
Naquele quarto
Com tantos sonhos para serem sonhados

20 anos
Duas décadas
É estranho, pois ela já viveu tanta coisa
Decepções, recomeços, amores e solidão
E alguém sempre diz que a vida dela mal começou
Ela sente que o tempo é diferente para
cada pessoa
Ela nunca será apenas uma idade
Nunca será a soma dos dias e dos tempos
Ela será tudo que viveu
E tudo aquilo que ainda está para ser vivido

O mar
Ainda é de um azul tão seu
Quando tudo aperta
Quando a sua liberdade começa a fraquejar
Ela corre, como uma criança que procura
      os silenciosos e imensos braços de um pai
Mergulha
Mergulha o mais fundo que consegue
Um dia disseram que todos os tesouros
      estavam lá, nas profundezas de tudo
Ela fica lá dentro
No mar ela não é mais uma pessoa
Tudo que está no mar
Também se torna mar
Ela se lembra disso e sorri

Filha o vô descansou
A frase mais destrutiva construída
                              com poucas palavras
Ele nunca parecia estar cansado
Ele era tão ativo, errante e indomado
Como aquelas árvores imensas
Uma árvore forte, que anda e dá a sua sombra
                              para todos
Uma sombra de amor gratuita
Um sorriso franco
O rosto rasgado pelo tempo
Uns olhos miúdos que carregavam bondade
                              e sabedoria
O vô não falava muito
Ou melhor
Nunca precisou de palavras para falar
Poucos homens são assim
E agora esse número diminuiu um pouco mais

Carreiras
Médica, advogada, professora, arquiteta,
psicóloga

O quê?
Ela não enxergava com clareza
Tentar ver o futuro é um exercício estranho
Décadas para serem decididas em um instante
Ela não está pronta
Ela nunca esteve pronta
E nunca vai estar
Por isso um passo à frente

A camiseta estava pronta
Um lenço na cabeça
Um frio na barriga
Por causa de uma banda
Não qualquer banda
A sua banda favorita
Que canta as músicas sobre a sua vida
Músicas que ficarão para sempre
Músicas que o tempo aprendeu a assobiar
O palco
A chuva
E um sentimento de solidão bonita
Em meio a tanta gente
Ela canta com os olhos que chovem para a chuva
Foi a primeira noite inesquecível da sua vida

Dói
O gostar dói
O gostar sozinha
É como tentar falar e não saber palavras
Emitir sons que não fazem um único barulho
Não dizem nada para a pessoa amada
Gostar sozinha é uma solidão diferente
Logo ela que sempre amou a solidão
Fez o que podia fazer
Costurou o coração
Apegou-se aos cheiros
Aos pequenos e insignificantes gestos
Catalogava os detalhes
Como a pequena pinta entre a orelha e o maxilar
Gostar sozinha
É como se o destino a pintasse com invisibilidade
Dói
Como todo amor

*Começou com uma pequena, meio escondida
Um coração
Agora elas se multiplicaram
Vão pelos braços, pernas, costas
Quanto mais ela se conhece, mais desenhos
    surgem pelo seu corpo
Tatuagens para uns
Mas para ela são simplesmente pedaços
                        da sua alma
Que afloram na estação certa
Como as flores em uma primavera
            de intensidade e autoconhecimento
Fragmentos que falam do tempo
Esses desenhos são para ela se lembrar
                da sua própria história*

Dentro dela
Existe um canto para ser sozinha
Ela escuta muitas amigas
Que temem estar sozinhas
A palavra solidão tem um som insuportável
                              para algumas pessoas
Mas dessa forma ela sabe que sempre
                              estará sozinha

Ela tem um lado que é só dela
Um lado de sensações e sentimentos
Que ela não deseja compartilhar
Um lado que permite o autoconhecimento
Como um espelho de olhar a alma
Ela sempre foi atraída por tudo aquilo
                              que as pessoas temem
Muitas vezes ela vai para a solidão
Para se encontrar
Para visitar uma velha amiga
Para passear pela sua própria alma

A noite estrelada
Um quadro com pinceladas violentas
E uma harmonia tão bela e serena
Um homem que transformou o tormento em beleza
Ela nunca esqueceu aquele primeiro olhar
para a tela de Vincent

Apaixonaram-se ali
Ela e a arte
Ficou com os sentidos em confusão
A música que sopra como vento nos seus ouvidos
As telas, gravuras, fotografias e esculturas
que desafiam os olhos tão realistas
A literatura que incendeia a vida
A dança que transforma o corpo em sonho
E dizem que a paixão não dura a vida toda

Ela não lembra quando começou a sua paixão
pelas viagens
Talvez seja um adorável vírus
Que faz com que o seu corpo tenha necessidade
por novos lugares
Esticar a visão
Ver novas faces da natureza e das pessoas
Sentir a brisa do mar ou das montanhas
Quando ela está na estrada
O mundo todo se transforma em paisagem
Tudo assume a sua própria beleza
E quando ela volta para a rotina
Ela está maior
Mais rica apesar das despesas
Mais humana
Mais infinita
Até o vírus se manifestar novamente
E a vontade de estar em movimento ser insuportável
Não tem cura

Frequentemente ela é invadida pela música
Sim, a música derruba a porta e entra sem pedir
Invade o seu corpo e alma
A dança é a consequência
Em qualquer lugar
Seja no carro, no chuveiro, no palco ou nas boates
Ela dança
Para libertar o que está dentro
Já sorriu
Já chorou
Enquanto o corpo se movimenta
As pessoas acham estranha essa mania
       de dançar sozinha
Mas ela dança com a multidão que está
        do lado de dentro

Curtos
Longos
Loiros
Ruivos
Castanhos
Mudar
Ela gosta de mudar
Mudar
Para continuar sendo ela mesma

*Um frio na barriga e o verão no coração
Deitar a cabeça no ombro
Uma conversa branda e carinhosa
Um banco em um parque
Discutiam os mesmos livros
O coração estava repleto de música
Mãos dadas
Almas e línguas sempre enroscadas
O amor é uma perfeição tão feita para*
                              os imperfeitos

*Viajavam juntos
Sorriam juntos
Conversavam dentro do silêncio
E ela com um sorriso que tomava conta*
                              do corpo todo.
Deixavam o futuro para amanhã

Foi tão jovem
Foi escondido de todos
É inacreditável o quão rapidamente a vida
pode sumir
Um mergulho em uma cachoeira
Ele era um ótimo nadador
Nadou para sempre
Desapareceu no desconhecido
Virou uma saudade tão dolorida
Tão aguda
Ela chora pelo amigo
Pelo ombro tão forte e confortável
Ela chora pelo sorriso generoso
E pela paz cheirosa que havia no seu olhar
Dizer adeus para um amigo tão moço
É tão difícil
Adeus
Uma palavra tão pequena e tão impronunciável
Adeus amigo ela disse
Agora ele mora nela
Na casa da memória

Quantas vezes ela deixou de sair
Deixou de ver o mundo
Deixou os amigos de lado por um instante
Para ficar naquele lugar tão íntimo

O quarto
O lugar em que ela era apenas ela
Com todas as suas inseguranças
Com todos os choros
Com todas as paixões
Com todos os desejos
Um lugar onde ela poderia ser nada
Sendo tudo
Esse lugar sempre será um refúgio
Um lugar sagrado para o seu riso e seu choro
O quarto

Dar um rosto para o tempo
Trazer uma saudade aos olhos
Ela não era uma profissional
Mas tinha um olhar precioso para cada rua
Para cada pessoa ou ser que cruzava
o seu caminho
Para ela a fotografia é pegar uma saudade
com as mãos
E ela sempre terá uma saudade nova
Uma saudade no olhar
Tem a mania linda de registrar tudo
Enquanto vive tudo

Seu coração dói
Uma dor invisível e vermelha
Um sangue estranho que escorre de um futuro
que não existirá
Por que ele a deixou?
Eram perfeitos juntos
Ela chora um soluço
Não quer consolo de ninguém
Não quer jargões
Ou frases de efeito
Hoje ela quer chorar
Ligar o chuveiro e sentar nua no chão
E ver um futuro lindo
Descendo pelo ralo

Ela sempre teve uma alma terrivelmente livre
E esse tipo de pessoa vai despertar amor/ódio
nas pessoas que a cercam
Ela diz o que deve ser dito e cala aquilo
que deve ser silêncio
Seus pés e sua alma sempre irão para onde
ela desejar ir
E a sua alma sempre encontrará um meio
de olhar para o céu
O gigante infinito azul
Onde ela pode voar
Mesmo que sozinha

*Ela é das cores
Por isso sempre gostou do carnaval
Da sua parte lúdica
Das ruas sem carros inundada por sorrisos
                                bem humanos
Da chuva de cores picotadas em papel
Onde todos esquecem os rótulos, os diplomas
      e tudo aquilo que sabe separar as pessoas
O som não para
Assim como o sorriso dela
Esse sorriso feito festa que só sabe celebrar
                                a existência
No pé um samba que ela inventou
Mas no peito um amor gigante pelos momentos*

Para ela o silêncio é uma necessidade
Como alimento
Já faz algum tempo que ela se esconde
dentro do silêncio
Quer ser invisível e apagar a própria voz
E pensar na sua própria vida
Às vezes chora
Outras vezes fecha os olhos
Esse pequeno ritual foi se tornando cada vez
mais frequente

As pessoas fazem muito barulho
Os egos gigantes esmagam tudo
Silêncio
Sem som
Mas repleto de voz interior

*Todos querem algo
Uma TV, uma viagem, um carro etc.
Coisas
Objetos
Ela sempre achou justos esses desejos
      e também possuía algumas dessas vontades
Mas ela não entende o mundo
Onde as pessoas são valorizadas
                        pelo que elas possuem
Ela sabe que não é o tamanho da casa
                     que faz dela um lar
Ela não quer coisas
Quer lembranças e saudades*

Tantos sonhos
Todos muito simples e por isso são sonhos
muito complicados

Um amor repleto de clichês
Um canto para morar e algumas plantas
Viagens para dentro de si mesma e para
muitos lugares no globo
O seu coração sempre terá uma capacidade
incrível de sonhar acordado
Como se tudo fosse possível
E como toda sonhadora
Às vezes ela perde a esperança
E a reencontra no amanhã

Um lugar que sempre foi refúgio
Ela lembra bem das viagens de Gulliver
E agora, um pouco mais velha, mas com
           o deslumbramento da infância nos olhos
Ela descobriu o cavaleiro da triste figura
E sorriu
Pois ela sabe bem como é ser Quixote
Em enxergar um mundo que as pessoas
                    ainda não podem enxergar
Os livros são o esconderijo quando tudo
                         fica cinza demais
Tudo fica sem cor
Onde as pessoas planejam todos os próximos passos
Ela corre para a estante amarela
E se esconde nas páginas imateriais
E fica lá

PARTE III

Ser adulta
....

/ ou o meio do caminho

*Fechar os olhos
Mergulhar dentro de si mesma
E explorar um mundo novo*

30 anos
Três décadas,
E tantas dúvidas ainda permanecem
Como se o tempo não fosse suficiente
                              para desfazê-las
Ela se sente menina em um corpo
                              e responsabilidades de mulher
Formou-se
Mas está sempre em transformação
Ela sorri quando vê o reflexo no espelho
Quando ela olha atentamente para os seus
                              próprios olhos
Ela enxerga a menina que corria pelo quintal
Ela ainda está lá, mesmo depois de tantos anos

No começo ele era uma boa companhia
Risadas, jantares e aquela vontade
   de descobrir novos lugares, viagens e cafés
Uma vontade imensa de compartilhar
Ambos se abrigavam nos dias difíceis
Ele era inseguro e instável
Ela era sonhadora
Daquelas que acreditam que o impossível
É apenas um monstro criado para assustar
                              os adultos

Mas existia amor ali
Ela sabia disso
Quando via aqueles olhos miúdos
Aquela barba preta e cheia
E isso fez com que eles superassem muitas coisas
Um servia de teto para o outro
Abrigavam-se

Ela estudou com paixão
Pois não conseguia fazer algo
                    sem estar apaixonada
Sempre foi curiosa e quando descobria
                    uma parede nova
Logo buscava uma porta
Trabalhou na área desejada
Encarou a rotina
Dia após dia
Deixou-se inteira em cada tarefa
Cada palavra escrita
Foi progredindo
Mas ela estava indo para onde?
Essa pergunta sempre estava esperando
                    no travesseiro
Será que os sonhos se transformaram
        em apenas ter dinheiro para ter coisas?
Pergunta insone

Quer casar comigo?
Ela sempre esperou uma pergunta como essa
Ela ama a pergunta cuja resposta pode
mudar a sua vida
A mão e a voz dele estavam trêmulas
O tempo estava parado olhando com
a mão no queixo esperando ela responder
SIM
Foi a primeira vez que os sentimentos
se misturaram
Riso e lágrima, dia e noite, solidão e presença
SIM eu quero ir para o futuro com você
Abraçados dentro de um silêncio muito humano
Enquanto o mundo continuava a girar
Ela nunca esteve com olhos tão belos
SIM

Ela se deu conta quando viu o reflexo no espelho
Um vestido branco
Ela estava tão emocionada que na sua mente
                    só cabiam os pequenos detalhes
A cor dos arranjos
O sorriso choroso de seu pai
Ele ia caminhando lentamente como quem
                    não quisesse abrir mão
"Você ainda é a minha criança" ele disse
Aceito
Ela falou no meio de um sorriso
Como pode um pequeno pedaço de metal dourado
                    simbolizar algo tão poderoso
Ele estava lindo, vestindo esperança
                    de um amor eterno

Beijaram-se
Com olhos bem fechados
Para olharem para a alma um do outro

*Conforme o tempo foi passando
A natureza se tornou o único lugar onde ela
                    se renova espiritualmente
Ali naquele silêncio verde
Com o teto azul em cima
Ela se conecta ao mundo maravilhoso,
                    se sente parte dele

Deus está ali
Correndo pelas montanhas, renovando
        o deslumbramento que está dentro dela*

*Ela sempre teve poucos amigos
Poucos porque desde cedo aprendeu
            que a amizade é algo raro
Aos seus amigos ela concedeu o privilégio
        de ver as suas lágrimas e o seu riso
Amizade é uma palavra usada para as pessoas
            que dispensam palavras
E ela aprendeu que para as amizades
                    durarem anos
É necessário dividir as tristezas
Mas sobretudo compartilhar as alegrias*

O apartamento não era muito grande
Uma sala média e dois quartos pequenos
Mas com certeza cabem
uma felicidade e uma grande história de amor
ali dentro
E talvez umas samambaias

Em alguns momentos ela sente falta
                              da casa dos pais
Sabe aquela convivência sem voz
Ela ainda escuta a máquina de costura
E sabe que a sua mãe está perdida
Entre linhas e tecidos
As ferramentas fazem música no quintal
É a certeza que seu pai está lá
Perdido naquele trabalho infinito
Cada um em seu canto
Mas todos juntos de alguma forma
A saudade é sempre dos detalhes
Que estão escondidos em um dia comum

Ela irá ser mãe
Na verdade depois do exame
Ela já é mãe
Como explicar as mãos que vão parar
      na imensa barriga que ainda não existe?
As mãos fazem um carinho naquele ser
                    que mora dentro

As mãos dizem
Cresça meu pequeno
Cresça mas continue sempre o meu pequeno
E será assim
Algo mudou instantaneamente
Carregar duas vidas faz isso com alguém
Traz cor
Novos sons
E deslumbramento

Ela aprendeu a olhar para trás
Aprendeu a valorizar a sua própria história
Viu a estrada que ficou para trás
Antes ela não gostava de olhar para
                              o próprio passado
Pois tinha vontade de correr para lá
Como se o passado pudesse ser
                              revivido infinitamente
Mas hoje ela descobriu que o passado é fotografia
Preso dentro das paredes do tempo
Mas ainda pode olhá-lo quando o futuro aperta

Depois de tantos anos
Quando estão juntos
Ainda são iguais
Como se o tempo não tivesse passado
O silêncio da praia à noite
Os olhos do mar sorriem
E a água salgada está nos olhos dela
Eles são como amigos
Que se reconhecem sem precisar de palavras
Se reconhecem no silêncio
O mar
É a igreja dela
E a lua observa esse encontro
E escreve um poema
Que não será lido

O primeiro choro
3 quilos e 300 gramas
Bochechas rosadas
Uns olhos inquietos devorando a sala do parto
Ela e a sua filha estavam sozinhas naquela
                            sala cheia de médicos
Um encontro de olhares
O reconhecimento
Uma conexão que já dura nove meses
Ser mãe é conhecer a alma antes do corpo
É ver um sentimento crescendo quando alimentado
E depois ter 3 quilos e 300 gramas de vida
                            a mais nos braços
E não saber se irá dar conta dessa
                            incrível tarefa

Mas irá

O mesmo caminho todo dia
A cidade cinza está engolindo-a
As mesmas pessoas cumprimentando as outras
de maneira informal

O elevador
A sua mesa está lá com uma foto da pequena
Mas tudo é programado, cinza e sem cor
Ela se pergunta se as pessoas
ainda enxergam cor nela

Ou apenas cinza
O cinza de todo dia das 8h às 18h
Ela precisa sentir que algo faz sentido
Que o tempo não está perdendo o valor

40 anos
Tudo passou tão depressa
Ela ainda se sente tão jovem
Ela ainda é tão jovem
Apesar de tantas histórias e recomeços
Apesar de ter uma filha que hoje é uma mulher
e fala em ter filhos
Existe ainda tanta coisa para ser vivida
Tantos recomeços
Tantas liberdades para serem alcançadas
Ela já viu as suas tempestades de perto
Já feriu, mas as cicatrizes mostram o quanto
ela também já foi ferida
Ela se sente maior
Mulher feita enfeitada pelo tempo
Mulher crescida
E com o entusiasmo de quem aprendeu
a trocar olhares com a vida
E conquistá-la todos os dias

Felizes para sempre?
Felizes não para todo o sempre, mas uma
história cheia de lembranças felizes
Que ficará no álbum de fotos e no coração
O amor acabou para recomeçar
O futuro só quer ser passado
Sim, ela se separou
Mas para poder ser inteira novamente
Reconstruir a vida
Malas fechadas
Uma ferida aberta
Que será uma cicatriz que hoje dói
Mas o amanhã mostrará que ela foi corajosa
Dona da sua própria vida

Ela tem uma tristeza pequena
Dessas que cabem somente em um pedaço
de coração
Uma tristeza que causa uma sensação
de impotência
Como se ela não tivesse forças para mudar algo
Essa tristeza é muito parecida com um grito
que não será ouvido
Um grito que nasceu sem som
Quando era mais nova ela se desesperava
Mas hoje depois de algumas primaveras
Ela aprendeu que essa tristeza
É uma professora que irá ensinar
lições valiosas sobre a vida
Às vezes elas se encontram e passam
um tempo juntas
Como nessa noite

Presa
Ela se sente presa
Seu coração se debate contra as grades
dessa gaiola chamada rotina

A vida é só isso?
Uma eterna repetição
Ela é intensa demais para isso
Ela quer o azul do céu colorindo os seus dias,
todos os dias

Ela sabe exatamente o que deve fazer
Mas ainda acredita que as coisas irão mudar
Ela olha para essa prisão e olha para
as chaves que estão no chão
Mas hoje falta a coragem para dar
o primeiro passo

Ela sente que está em constante mudança
Algo dentro dela se recusa a permanecer
igual ao ontem
Ela quer ser alguém melhor
Aprender mais
Sorrir e sentir mais
Ela quer novas experiências
É um movimento crescente e bonito
De quem deseja tornar-se a melhor versão
dela mesma e viver uma vida intensa
As pessoas estão mais preocupadas em julgá-la
Mas ela logo irá sumir no horizonte
Pois ela continua andando
Enquanto todos os outros estão parados

*Ela parou
E viu que estava correndo atrás de alguém*
que não quis ficar

*Ela parou
E viu como isso a deixou distante*
do seu amor-próprio

E voltou

Ela virou a mesa e saiu do emprego
Largou a carreira estável
Largou a apatia cinza
Perdeu algumas certezas e ganhou a liberdade
Ela não sabe como irá pagar as contas
                    que o amanhã irá trazer
Mas hoje
Hoje um sorriso apareceu entre as nuvens
E todos podem ver

Sexta-feira
Ela chega em casa
Acende as suas velas
A noite apareceu vestindo um lindo vestido preto
A lua está linda
E a lua está nela
Ela coloca Chet Faker em seus ouvidos
A sua taça veste vinho
E dizem que ela está sozinha
A verdade
É que a casa dela está em festa

Foi dançar
Depois de tantos anos casada
Depois de tantos anos em uma vida
    que começou bem e terminou sem entusiasmo
A vida que está dentro dela gritou
Depois da separação ela precisa disso
Precisa das luzes e da música dançante

                              dos anos 80

Ela precisa sentir a vida passeando

                            pelo seu corpo

Suor, drinks e sorrisos
Como é bom redescobrir a vida
E dar boas e altas gargalhadas
Com essa velha amiga chamada
Liberdade

A sua filha chora no seu colo
"Ele terminou comigo"
Ela quer dizer tantas palavras
Mas sabe que nenhuma delas vai trazer
o consolo necessário
As palavras não são muito boas nesse momento
e ela sendo mãe e mulher sabe disso
Por isso ela coloca a mão naqueles cabelos
Sente a textura deles e pensa
"Ela ainda não sabe o quanto é linda"
Queria dizer muitas palavras
Mas disse apenas: eu te amo
E choraram juntas
Ela sabe que o coração dela ainda será
quebrado várias vezes
Mas isso irá ajudar essa pequena a descobrir
a sua própria força

Ela olhou para o seu corpo nu refletido no espelho
Um corpo que passou dos 40
Um belo corpo que abriga uma bela alma
E sorriu
Nunca esteve tão linda

Será que o amor ainda irá chegar
Ele está bem atrasado

Não
Ela sorri para si mesma

O amor sempre é pontual.

O dia chora vestido de cinza
O homem mais bonito que ela conheceu
                        saiu da vida
Seu pai
Foi silenciosamente
Uma dor pontuda percorre o corpo dela
Quem contará as histórias que devolvem
                        a infância?
Quem irá esticar os braços para envolvê-la
                        com carinho e amor?
Ele
Sim
Ele ainda continua aqui
E ela sabe disso
Porque ele disse que nunca a deixaria
O homem mais bonito que ela conheceu
                        continua na sua vida
Um arco colorido sorri no céu

*Ela aprendeu que o amor
Traz um silêncio bom*

Ela está com um insistente sorriso bobo
Ela diz para si mesma
Lamento, esse é o diagnóstico de uma paixão
É bom se sentir uma garota depois dos 40

Ela adora grandes caminhadas onde o objetivo
é não chegar

Andar sem saber para onde ir
Andar pela paisagem
E ser paisagem para outras pessoas que passam
As folhas das árvores
As raízes estufando o asfalto
O outono elegante que flerta com ela
Para ela caminhar sem saber aonde ir
é caminhar de braços dados com a vida

Cabelos brancos
Sempre teve alguns desde garota
Mas agora eles resolveram convidar os amigos
para morar na sua cabeça
Engraçado como certos receios se tornam bobos
quando andamos pelo tempo
Sim, ela ama passear pelo tempo
E esses fios prateados comprovam isso
Abraçou a beleza da sua idade e ficou em paz

Às vezes ela só queria que alguém
                    pensasse nela e perguntasse:
"Como você está?"
Ela não vê muita graça em ser forte o tempo todo
E as pessoas acham que ela é
Quando ela se sente sozinha
Ela entra em um silêncio
Um silêncio de quem quer desabar

50 anos
Meio século
Caramba, como passa rápido
Onde se escondeu a jovem que morava no espelho

Ah, sim
Está dentro dos olhos dela

Quase nada mudou

Ela descobriu o amor-próprio
Dentro de si
Guardado em uma gaveta de autoconhecimento
Ah, como ele a veste bem
Como esse amor a torna mais bonita
Mais repleta de vida
Agora sim ela se sente completa
Pronta para transbordar

Com o passar do tempo
As grandes complicações são desfeitas
De uma forma inexplicável
Algo acontece quando os anos
                     são acrescentados na vida dela
Ela consegue ver que na verdade
                não são os problemas que são grandes
E sim a sombra deles
Ela sorri para a vida todas as manhãs
É sempre bom deixar a vida entrar

Não se engane
Apesar de tantas décadas
Ela ainda chora feito menina
Chora por não entender a dor

*Ela gosta das pessoas que deixam
    a maioria da sua beleza do lado de dentro*

Por muito tempo ela não conseguiu dizer:

Eu te amo

Mas foi o tempo que se declarou primeiro

Ele disse:

Eu te amo

E ela disse:

Eu também

Ela corre
Ninguém sabe
Mas ela corre
Foge de tudo e de todos
Corre
Como correm as lágrimas escondidas
De uma dor que já tomou todo o peito
Ela está com medo
E não deixa ninguém saber

Será que ela irá amar novamente?
Tanto tempo já passou
Tantos beijos e abraços foram dados e recebidos
Dormiu em algumas camas
Mas será que o amor virá novamente?
Sim, quando ela menos esperar
Ele estará tomando um café e lendo o jornal
Por isso ela sempre carrega o batom vermelho
Vermelho-esperança

Quando aquela criança cresceu?
Ela se pergunta
Enquanto aquela criança está recebendo
o diploma
Ela olha aquele sorriso
Aquele sorriso que procura o olhar dela
Ela sorri de volta e pensa
Aquela criança não cresceu
Ainda bem

Ela sentou em um banco de praça e a vida
                              ficou mais lenta
Uma das belezas que a idade traz
É a habilidade de ficar no hoje
E deixar o amanhã ser amanhã

É um dia de poucas palavras
Palavras grandes que não conseguem sair

Adeus mãe

A vida continua sendo surpreendente
O amor chega sem bagagem e com a roupa do corpo
Ela sorri
Aquele sorriso de quem não estava à espera
O amor é assim
Não quer ninguém pronto
Quer nos construir

PARTE IV

Velhice
....

/ ou a vida em crise

(de riso)

*Eu acho que alguém errou
A pessoa que deu o nome às coisas errou
A juventude começa aos 70*

Já tentei envelhecer
Mas não consigo
Culpa do meu coração
Que criou raízes na juventude

É maravilhoso ver os meus netos
Esses pequenos mestres que a vida me enviou
Para meus olhos serem infância
Para mostrar que o mais importante na vida
É viver e se lambuzar de bons momentos

Eu me sinto linda
O tempo tem desenhado o meu rosto
E vestido o meu corpo de alma

*Para mim a única diferença
Entre a velhice e a juventude
É que nós os velhos
Somos jovens mais experientes*

*Tenho dores no corpo
A alma já não cabe aqui*

Olho para a minha filha
Minha menina de olhos castanhos
Tão mulher
Tão segura
Resolvendo tudo
Independente e forte
Ela sabe disfarçar tão bem quanto a mãe

Ainda vou à mesma praia
A praia que me tem desde criança
O mar continua igual
Tão meu
Tão gentil
Tenho pensado seriamente em ser mar

*Tantas pessoas queridas já se foram
E ficaram aqui comigo
É por isso que meu coração está sempre
                              lotado de amor*

Faltam algumas poucas páginas para mim.
Mas escreverei linha por linha
Letra por letra
Até o ponto final

¶ Composto na tipologia *Lacrima*
e impresso em papel Chambril Eco 90g/m²
na Lis Gráfica.